NOUVEL ALPHABET

EN

FRANÇAIS

DIVISÉ PAR SYLLABES,

A L'USAGE

des Écoles Chrétiennes.

A SOISSONS,

Chez FOURNIER, Libraire, rue de l'Hôtel-Dieu.

1837.

A B C D E F
G H I J K L
M N O P Q R
S T U V X Y
Z Æ OE W Ç
É È Ê.

1 2 3 4 5 6 7
8 9 0.

3

a b c d e f g h i j k l
m n o p q r s t u v x
y z æ œ . , : ; ! ?

✠ a A B b C c D d E e F f
G g H h I i J j K k L l M
m N n O o P p Q q R r S s T t
U u V v X x Y y Z z Æ æ
OE œ.

*A a B b C c D d E e F
f G g H h I i J j K k L l M m
N n O o P p Q q R r S s T t
U u V v X x Y y Z z.*

ff ff fi fi ffi ffi fl fl ffl ffl œ o
e æ a e â ê à è e ë ï ü ç s w vv p
h f tht.

ba	bé	bê	be	bi	bo	bu
ca	cé	cê	ce	ci	co	cu
da	dé	dê	de	di	do	du
fa	fé	fê	fe	fi	fo	fu
ga	gé	gê	ge	gi	go	gu
ha	hé	hê	he	hi	ho	hu
ja	jé	jê	je	ji	jo	ju
la	lé	lê	le	li	lo	lu
ma	mé	mê	me	mi	mo	mu
na	né	nê	ne	ni	no	nu
pa	pé	pê	pe	pi	po	pu
qua	qué	quê	que	qui	quo	quu
ra	ré	rê	re	ri	ro	ru
sa	sé	sê	se	si	so	su
ta	té	tê	te	ti	to	tu
va	vé	vê	ve	vi	vo	vu
xa	xé	xê	xe	xi	xo	xu
za	zé	zê	ze	zi	zo	zu

bab béb bêb beb bib bob bub
bac béc bêc bec bic boc buc
bad béd bêd bed bid bod bud
bla blé blê ble bli blo blu
bra bré brê bre bri bro bru
chra chré chrê chre chri chro chru
cla clé clê cle cli clo clu
cra cré crê cre cri cro cru
dra dré drê dre dri dro dru
fla flé flê fle fli flo flu
fra fré frê fre fri fro fru
gla glé glê gle gli glo glu
gna gné gnê gne gni gno gnu
gra gré grê gre gri gro gru
gua gué guê gue gui guo guu
pla plé plê ple pli plo plu
pra pré prê pre pri pro pru
spa spé spê spe spi spo spu

sta sté stê ste sti sto stu
tla tlé tlê tle tli tlo tlu
tra tré trê tre tri tro tru
vra vré vrê vre vri vro vru
ai a il ain eu ay ei eil eu euil ai
œu oi ou ouil oy uy vin tren
qua cin soix sep.

✝

Au nom du Pè-re et du Fils, et du Saint-Es-prit. Ain-si soit-il.

☉

Ve-nez, Saint-Esprit, rem-plis-sez nos cœurs de vos gra-ces, et em-bra-sez-nous du feu de vo-tre a-mour.

☺

Ve-nez, mes en-fants, je

vous en-sei-gne-rai la crain-te du Sei-gneur.

✻

L'En-fant sa-ge est la joie de son Père.

L'Oraison Dominicale.

NO-tre Pè-re, qui ê-tes dans les Ci-eux, que vo-tre Nom soit sanc-ti-fi-é, que vo-tre rè-gne ar-ri-ve, que vo-tre vo-lon-té soit fai-te en la ter-re com-me au Ci-el ; don-nez-nous au-jourd'hui no-tre pain quo-ti-di-en, et nous par-don-nez nos of-fen-ses, com-me nous par-don-nons à ceux qui nous ont of-fen-sés, et ne nous a-bandon-nez point à la ten-ta-ti-on, mais dé-li-vrez-nous du mal. Ain-si soit-il.

La Salutation Angélique.

JE vous sa lue, Ma rie, plei-ne de gra ce, le Sei gneur est a vec vous, vous ê tes bé-nie en tre toutes les femmes, et Jé sus le fruit de vos en-trail les est béni.

Sain te Ma rie, Mè re de Di eu, pri ez pour nous pau-vres pé cheurs, main te nant et à l'heu re de no tre mort. Ain si soit-il.

Le Symbole des Apôtres.

JE crois en Di eu le Pè re Tout-puis sant, Cré a teur

du Ci el et de la ter re :
Et en Jé sus-Christ son Fils
u ni que No tre Sei gneur :
qui a été con çu du Saint-
Es prit; né de la Vi er ge Ma-
rie : a souf fert sous Pon ce
Pi la te, a é té cru ci fié, est
mort, et a é té en se ve li; est
des cen du aux en fers : le
troi si è me jour est res sus ci-
té des morts : est mon té aux
Ci eux, est assis à la droi te
de Di eu le Pè re Tout-puissant, d'où il vien dra ju ger
les vi vants et les morts.

Je crois au Saint-Es prit,
la sain te É gli se Ca tho-
li que : la Com mu nion des

Saints : la ré mis si on des pé chés : la ré sur rec ti on de la chair : la vie é ter nel le. Ain si soit-il.

La Confession des péchés.

JE me con fes se à Di eu Tout-puis sant, à la bi en-heu reu se Ma rie tou jours Vi er ge, à saint Mi chel Ar chan ge, à saint Jean-Bap tis te, aux A pô tres saint Pi er re et saint Paul, à tous les Saints, par ce que j'ai beau coup pé ché, par pen-sées, par pa ro les et par ac ti ons; j'ai pé ché par ma fau te, par ma fau te, par ma très-gran de fau te. C'est

pour quoi je sup plie la bi en-
heu reu se Ma rie tou jours
Vi er ge, saint Mi chel Ar-
chan ge, saint Jean-Bap tis te,
les A pô tres saint Pi er re et
saint Paul, tous les Saints,
de pri er pour moi le Seigneur no tre Di eu.

Bénédiction avant le Repas.

O Di eu, qui nous présen-
tez les bi ens né ces-
sai res pour nour rir no tre
corps; dai gnez y ré pan dre
vo tre sain te bé né dic ti on,
et nous fai re la gra ce d'en
u ser so bre ment. Au nom
du Pè re, et du Fils, et du
Saint-Es prit. Ain si soit-il

Action de graces après le Repas.

SEI gneur, nous vous rendons nos très-hum bles ac ti ons de gra ces, des bi ens que vous nous a vez don nés pour la nour ri tu re de no tre corps ; qu'il vous plai se nour rir aus si no tre a me de vo tre gra ce dans l'es pé ran ce de la vie é ter nel le ; Par Jé sus-Christ no tre Sei gneur. Ain si soit-il.

Que les a mes de nos Parents, de nos A mis, et de tous les Fi dè les qui sont morts, re po sent en paix, par la mi sé ri cor de de Di eu. Ain si soit-il.

Les Commandements de Dieu.

UN seul Dieu tu adoreras, et aimeras parfaitement.

Dieu en vain tu ne jureras, ni autre chose pareillement.

Les Dimanches tu garderas, en servant Dieu dévotement.

Père et mère honoreras, afin que tu vives longuement.

Homicide point ne seras, de fait ni volontairement.

Impudique point ne seras, de corps ni de consentement.

Les biens d'autrui tu ne prendras, ni retiendras injustement.

Faux témoignage tu ne diras, ni mentiras aucunement.

L'œuvre de chair ne désireras, qu'en mariage seulement.

Biens d'autrui ne convoiteras, pour les avoir injustement.

Les Commandements de l'Eglise.

LEs Dimanches Messe ouiras, et les Fêtes de commandement.

Tous tes péchés confesseras à tout le moins une fois l'an.

Ton Créateur tu recevras, au moins à Pâques humblement.

Les Fêtes tu sanctifieras, qui te sont de commandement.

Quatre-temps, Vigiles jeûıeras, et le Carême entièrement.

Vendredi chair ne mangeras, ni le samedi pareillement.

Devoirs des Enfants envers leurs Père et Mère.

1. Les Enfants doivent honorer leurs Père et Mère, en tout âge et en tout état.

2. Ils doivent leur obéir en toutes choses où Dieu n'est point offensé.

3. Ils doivent les aimer et les respecter, aussi bien dans les châtiments que dans les caresses.

4. Ils doivent éviter avec grand soin de les attrister, ou de les mettre en colère.

5. Ils doivent les assister dans leur pauvreté, jusqu'à tout vendre leur bien pour cela.

6. Ils doivent, après leur mort, prier et faire prier Dieu pour le repos de leurs ames et exécuter ponctuellement leurs dernières volontés.

S. Paul aux Ephésiens, chap. 6.

Honorez votre Père et votre Mère : c'est le premier Commandement auquel Dieu ait attaché une promesse de récompense pour ceux qui l'observeront, qui est qu'ils seront heureux, et vivront long-temps sur la terre.

COURTES PRIÈRES

PENDANT LA MESSE,
A L'USAGE DES ENFANTS.

En entrant dans l'Eglise.

Que ce lieu est terrible et vénérable ! c'est ici la Maison de Dieu, et la porte du Ciel : faites, Seigneur, que je sois dans le respect, et que je tremble à la vue de votre Sanctuaire.

En prenant de l'eau-bénite.

Mon Dieu, répandez en moi l'eau de votre grace, pour me purifier de plus en plus, afin que les adorations que je viens vous présenter vous soient agréables.

Avant que la Messe commence.

Je viens, ô mon Dieu, pour assister au Saint Sacrifice, donnez-moi votre grace, afin que j'y assiste avec une foi vive, un amour ardent, et une humilité profonde.

Le Prêtre étant au bas de l'Autel.

J'ai péché, mon Dieu, je ne suis pas digne de lever les yeux au Ciel, ni de regarder votre Autel pour vous adorer : mais que tous les Saints vous prient pour moi. Je vous demande grace, ô Dieu Tout-puissant, faites-moi miséricorde, et m'accordez le pardon de mes péchés, par Jésus-Christ notre Seigneur.

Le Prêtre montant à l'Autel.

Père céleste, qui êtes Dieu, ayez pitié de nous; Fils Rédempteur du monde, qui êtes Dieu, ayez pitié de nous; Esprit Saint, qui êtes Dieu, ayez pitié de nous.

Au *Gloria in excelsis Deo.*

Je vous adore, ô Père céleste, vous êtes le souverain Seigneur, le Roi du Ciel, le Dieu Tout-puissant. Je vous adore aussi, ô Jésus mon Sauveur, vous êtes le seul Saint, le seul Seigneur, le Très-Haut avec le Saint-Esprit, en la gloire de Dieu le Père.

Pendant les Oraisons.

Dieu Tout-puissant, faites-nous la grace d'avoir l'esprit tellement rempli de saintes pensées, que toutes nos paroles et nos actions ne tendent qu'à vous plaire, par Jésus-Christ notre Seigneur.

A l'Épître.

Faites-moi, ô mon Dieu, la grace d'aimer votre sainte parole, d'en apprendre les vérités, et d'en pratiquer les préceptes dès mon enfance.

A l'Évangile.

Seigneur, bénissez mon esprit, ma bouche et mon cœur, de sorte que mes pensées, mes

aroles et mes actions soient
églées par votre Evangile,
t que je sois toujours prêt à
narcher dans la voie des saints
Commandements qu'il contient.
Ainsi soit-il.

Au *Credo*.

Augmentez ma foi, Seigneur, rendez-la agissante par la charité, et faites-moi la grace de vous être fidèle jusqu'à la mort, afin que je reçoive la couronne de vie.

A l'Offrande.

O Dieu, qui dites dans votre parole : *donnez - moi votre cœur ;* je vous offre le mien en même temps que le Prêtre vous offre ce Pain et ce Vin ; je vous offre aussi mon corps ; faites que ce corps et cette ame soient une Hostie vivante sainte et agréable à vos yeux.

Le Prêtre lavant ses mains.

Lavez-moi, Seigneur, dans le sang de l'Agneau sans tache pour effacer de mon corps et de mon ame les moindres taches du péché.

A l'Orate, fratres.

Que le Seigneur veuille recevoir ce saint Sacrifice, pour sa gloire, pour mon salut et pour l'utilité de toute son Eglise.

A la Préface.

Elevez, Seigneur, mon cœur

au Ciel, afin que je vous y adore avec les Anges, en disant comme eux : Saint, Saint, Saint, le Seigneur, le Dieu des armées ; les Cieux et la Terre sont remplis de la Majesté de votre gloire.

Après le *Sanctus*.

Mon Dieu, défendez votre Eglise contre tous ses ennemis visibles et invisibles ; conduisez par votre grace notre Saint Père le Pape, Monseigneur notre Evêque, et les autres Pasteurs à qui vous avez confié le soin des ames. Conservez le Roi, bénissez mes parents, mes bienfaiteurs et mes amis, et particulièrement

N. [*Il faut ici penser aux personnes pour qui l'on est obligé de prier.*]

Avant la Consécration.

Nous vous prions, Seigneur, que, votre juste colère étant apaisée, vous receviez favorablement l'Offrande que nous allons vous présenter : donnez-nous la paix pendant le reste de nos jours, et nous mettez au nombre des Élus.

A l'Élévation de la Ste Hostie.

C'est-là votre Corps, ô mon divin Sauveur, je le crois parce que vous l'avez dit ; j'adore ce Corps sacré, avec une humilité profonde, je l'offre à votre Père pour mon salut.

A l'Elévation du saint Calice.

C'est-là votre Sang, ô mon Dieu, ce Sang adorable qui a été répandu pour la rémission de mes péchés : que je sois aussi toujours prêt de répandre le mien pour votre gloire.

Après l'Elévation.

Faites-moi la grace, ô mon Dieu, de me souvenir toujours que ce Corps sacré, qui est maintenant présent sur l'Autel, a été livré à la mort, et que ce divin Sang, qui est dans le précieux Calice, a été repandu pour mon salut, afin que je vous serve toute ma vie avec ardeur; souvenez-vous aussi de cette mort, afin que vous me pardonniez mes péchés avec miséricorde.

Au *Memento* des Morts.

Souvenez-vous, Seigneur, de vos serviteurs et de vos servantes qui sont morts dans la foi, et qui dorment du sommeil de paix, et particulièrement de N. [*il faut ici songer aux Morts pour qui l'on est obligé de prier.*]

Pardonnez-leur, ô mon Dieu, le reste de leurs péchés, et leur accordez votre saint Paradis, afin qu'ils s'y reposent de leurs travaux et de leurs peines.

A *Nobis quoque peccatoribus.*

Seigneur, ayez pitié de moi qui suis un misérable pécheur, et daignez nonobstant mon indignité, m'accorder un repos éternel avec tous vos Saints.

A la seconde Elévation.

Recevez, ô mon Dieu, cette offrande du Corps et du Sang de votre Fils, et rendez-moi participant des mérites de sa mort. Père céleste, avec lui, par lui et en lui, vous appartient toute la gloire et la louange.

Au *Pater*, il faut dire :

Notre Père, qui êtes dans les Cieux etc,

Après le *Pater.*

Délivrez-nous, Seigneur, par votre bonté, de tous les maux passés, présents et à venir, et assistez-nous du secours de votre miséricorde, afin que nous ne soyons jamais esclaves du péché.

A l'*Agnus Dei.*

Agneau de Dieu, qui effacez les péchés du monde, ayez pitié de nous. Agneau de Dieu, donnez-nous la paix.

Au Domine, non sum dignus.

Seigneur, je ne suis pas digne que vous entriez dans mon cœur, mais vous pouvez me délivrer de mon indignité, dites seulement une parole, et mon ame sera guérie.

O mon doux Jésus, qui désirez si ardemment de nous unir à vous, je vous ouvre mon cœur, pour vous y recevoir comme mon Sauveur et mon Dieu.

Lorsque le Prêtre communie.

Que votre Corps, ô mon divin Rédempteur, et votre Sang précieux purifient mon corps et mon ame ; qu'ils me fortifient et me nourrissent sur la terre, jusqu'à ce que je sois rassasié de votre présence dans le Ciel.

Après la Communion.

Mon Dieu, ne laissez pas entrer dans mon ame le péché que vous y avez détruit par le Baptême ; que Jésus-Christ mon Sauveur vive toujours en moi, et que je sente sa divine présence, en faisant des actions conformes à celles qu'il a faites lorsqu'il était sur la terre.

A la Bénédiction.

Que Dieu tout-puissant nous bénisse, le Père, le Fils, et le Saint-Esprit. Ainsi soit-il.

A l'Evangile selon Saint Jean.

Jésus, mon Sauveur, vous êtes le Fils unique de Dieu, vous êtes Dieu comme le Père et le Saint-Esprit. Cependant, pour nous sauver, vous êtes venu au monde, vous avez souffert la mort, vous vous rendez présent sur le saint Autel. O que vous nous aimez parfaitement ! je veux aussi vous servir tous les jours de ma vie.

FIN DES PRIÈRES.

LES MAXIMES
DE L'HONNÊTE HOMME.

CRAIGNEZ un Dieu vengeur, et tout ce qui le blesse : c'est là le premier pas qui mène à la sagesse.

Ne plaisantez jamais ni de Dieu ni des Saints : laissez ce vil plaisir aux jeunes libertins.

Que votre piété soit sincère et solide : et qu'à tous vos discours la vérité préside.

Tenez votre parole inviolablement; mais ne la donnez pas inconsidérément.

CHOIX
DE QUELQUES FABLES A L'USAGE DE L'ENFANCE.

L'ENFANT ET LE DATTIER.

Un enfant, dans une aride plaine, trouve une fontaine, et auprès, un beau dattier couvert de ses fruits ; alors vers le dattier il s'élance, et tâche de se hisser jusqu'à son sommet ; mais en montant, il se déchire les mains : deux fois il retombe : enfin il parvient au haut de l'arbre, où il se jette sur les dattes qu'il mange sans choix. Il lui prend une réflexion ; il descend, va chercher sa mère et son frère, et les conduit au dattier : le cadet présente son dos à l'aîné, l'autre y monte, et sans efforts et sans danger, cueille et jette les dattes dans le tablier de sa mère, qui les range sur un linge blanc ; les deux frères viennent ensuite sur les bords du ruisseau, faire un repas agréable.

Telle est l'image de la société : il n'est de biens que ceux que l'on partage, et le tout ne vaut pas la moitié.

LES DEUX OISONS,

LE PAON ET LE PLONGEON.

Un paon faisait la roue : les autres oiseaux admiraient son brillant plumage. Deux oisons ne remarquaient que ses défauts ; regarde , disait l'un, comme sa jambe est mal faite, et ses pieds plats et hideux. Son cri, disait l'autre, est capable de faire fuir la chouette. Un plongeon leur cria : Messieurs, vous voyez d'une lieue ce qui manque à ce paon; c'est bien voir, j'en conviens; mais votre chant, vos pieds, sont plus laids que les siens, et vous n'aurez jamais sa queue.

Yeux de lynx pour les défauts des autres ; yeux de taupe pour les nôtres.

LES DEUX VOYAGEURS.

Deux villageois, nommés Thomas et Lubin, allaient à la

ville prochaine : Thomas trouve sur son chemin une bourse pleine de louis : il l'empoche aussitôt. Voilà une bonne aubaine *pour nous*, s'écria Lubin : non sans doute, répondit Thomas : *pour moi*, c'est différent. En quittant la plaine, ils rencontrent des voleurs dans un bois. Thomas dit : nous sommes perdus ; non, répondit Lubin, *nous* n'est pas le vrai mot ; mais *toi*, c'est autre chose. En achevant ces mots, Lubin s'échappe à travers les taillis. Thomas tombe entre les mains des voleurs, qui lui enlèvent sa bourse.

Qui ne songe qu'à soi dans la prospérité, ne trouve point d'amis dans l'adversité.

LA NOIX, LA GUENON ET LE SINGE.

Une jeune guenon cueillit un jour une noix dans sa coque verte; elle y porte la dent, et fait la grimace. Ah! dit-elle, ma mère m'a trompée, quand elle m'a assuré que les noix étaient bonnes. Au diable soit le fruit! En disant ces mots, elle jette sa noix; le singe s'en saisit, la casse entre deux cailloux, l'épluche, la mange, et lui dit : ma chère, votre mère avait raison; les noix ont fort bon goût, mais il faut les ouvrir.

Dans la vie, sans un peu de travail, on n'a point de plaisir.

LE DANSEUR DE CORDE ET LE BALANCIER.

Un jeune voltigeur, le balancier en main, sur la corde tendue, l'air libre, le corps droit, faisait, par ses tours de légèreté et de souplesse, l'admiration des spectateurs. Un jour, tout fier de son talent, il dit : à quoi bon ce balancier qui me fatigue et m'embarrasse ? sans lui j'aurais plus de force, de grace et de légèreté. Aussitôt fait que dit : le balancier jeté, notre étourdi tombe et se casse le nez. Tout le monde en rit.

Rheims, Imprimerie de HUBERT et Comp.

www.ingramcontent.com/pod-product-compliance
Lightning Source LLC
Chambersburg PA
CBHW060902050426
42453CB00010B/1535